Gute Geschichten bessern die Welt.

Karla Eklund

hell. dunkel

story.one – Life is a story

1. Auflage 2023
© Karla Eklund

Herstellung, Gestaltung und Konzeption:
Verlag story.one publishing - www.story.one
Eine Marke der Storylution GmbH

Alle Rechte vorbehalten, insbesondere das des öffentlichen Vortrags, der Übertragung durch Rundfunk und Fernsehen sowie Übersetzung, auch einzelner Teile. Kein Teil des Werkes darf in irgendeiner Form (durch Fotografie, Mikrofilm oder andere Verfahren) ohne schriftliche Genehmigung des Copyright-Inhabers reproduziert oder unter Verwendung elektronischer Systeme verarbeitet, vervielfältigt oder verbreitet werden. Sämtliche Angaben in diesem Werk erfolgen trotz sorgfältiger Bearbeitung ohne Gewähr. Eine Haftung der Autoren bzw. Herausgeber und des Verlages ist ausgeschlossen.

Gesetzt aus Crimson Text und Lato.
© Fotos: Cover: Jon Tyson via Unsplash.com; Innenseiten: Miguel Á. Padriñán via Pexels (S. 12), Tima Miroshnichenko via Pexels (S. 28), COLYS HAT via Pexels (S. 36), mady70 via Getty Images (S. 52), jeweils bearbeitet via Canva.com

Printed in the European Union.

ISBN: 978-3-7108-2215-5

Für die Herzen in Flammen.

INHALT

Epilog	9
Zehn	13
Neun	17
Acht	21
Sieben	25
Sechs	29
Fünf	33
Vier	37
Drei	41
Zwei	45
Eins	49
Prolog	53

Epilog

Ich lese in Büchern gern das Ende zuerst. Oder wenigstens die dramatischen Szenen; ihr wisst schon: die, die noch einmal Spannung in den Plot bringen sollen, bevor sich alles auflöst. Den obligatorischen What-the-f*ck-Moment. Und ich hasse Cliffhanger, aber wenn es schon einen gibt, will ich wenigstens darauf gefasst sein.

Warum ich das tue?

Damit es mir nicht die Geschichte zerstört. Damit ich nicht denke: Das hier ist das Schönste, was ich je gelesen habe – und dann enttäuscht bin, wenn alles anders kommt. Es geht um Erwartungen. Darum, mich nicht zu sehr zu verlieren in einer Illusion. Denn das ist es, das Schöne: eine Illusion. Am Ende kommt alles anders, meistens. Und wenn nicht, dann will ich das wissen. Damit ich die Handbremse lösen kann, Vollgas geben, ohne damit gegen die Wand zu knallen. In Flammen aufgehen, ohne Angst davor, zu verbrennen.

Ich wünschte, ich hätte auch dieses Ende zuerst lesen können. Das mit Jay, meine ich. Vielleicht hätte ich dann so manche Entscheidung anders getroffen. Mich selbst nicht verloren in einem Glück, das sich so verdammt echt anfühlte. Vielleicht hätte ich dann nach meinem persönlichen What-the-f*ck-Moment alles zum Guten wenden können, vielleicht.

Es heißt doch, jedem Ende wohne ein Anfang inne. Mir persönlich war das Mittendrin lieber. Egal, in welcher Reihenfolge. Hauptsache alle Richtungen offen. Hauptsache immer noch glücklich, fernab der Realität. Hauptsache immer noch Jay. Und zwar der, für den ich ihn hielt.

Stattdessen spule ich das Band zurück, immer wieder. Wie eine dieser alten VHS-Kassetten, die bei meinen Eltern im Schrank stehen, obwohl das Abspielgerät längst auf dem Sperrmüll gelandet ist. Ich erinnere mich noch, wie wir früher die Filme angeschaut haben: erst vorwärts und dann, beim Zurückspulen, noch einmal rückwärts, im Schnelldurchlauf.

Genauso ist das auch mit meinem Film. Egal, wie oft ich zurückspule: Alles geht viel zu schnell. Und egal, wann ich auf Stopp drücke, egal, wie sehr ich mir wünsche, mich selbst anschreien, alles besser machen zu können: Die Geschichte bleibt die gleiche.

Und es ist egal, ob ich es Anfang oder Ende nenne.

Jay und ich, wir sind vorbei.

rückwärts, im Schnelldurchlauf

What the f*ck!

vorbei.

vorbei.

vorbei.   vorbei.

vorbei.

Zehn

Ich bin draußen. Ich bin am Fluss, der Himmel ist trüb. Ich bin an einem hellen Tag, eigentlich, nur ist dieser eben grau. Hellgrau, wie kalte Asche. Ich bin mit den Fußspitzen an der Kante zum Wasser, zwei Zentimeter vom Nass entfernt. Es würde uns endgültig löschen. Kein Feuer mehr, nicht einmal Glut.

Ich bin. Allein. Im Hellen. Allein. Und wo Jay war, ist nur noch ein dunkles Loch.

„Tu das nicht. Hanna."

Die Stimme samtig vom Rauch.

Ich habe nie geraucht. Nie so richtig. Immer nur mal hier und da, heimlich. So richtig anfangen würde ich erst, wenn ich dafür Geld ausgebe, dachte ich mir. Also habe ich das gelassen.

Was das angeht, hat Jay wohl einen schlechten Einfluss auf mich. Nur einen mehr. Als wäre ich nicht hässlich genug, innerlich. Ich muss ihn loswerden. Marlene hat recht damit, und Elli auch, obwohl sie es nie ausgesprochen hat. Sie hat es gedacht und geschwiegen, ich habe sie nicht verdient.

„Ich kann ohne dich nicht leben."

Du kannst. Du musst.

Wir sind nichts als melodramatische Teenager, allesamt. Hungrig danach, erwachsen zu werden, wenn die nur wüssten. Ich wollte das nie. Ich bin gern melodramatisch. Es fühlt sich an, als hätte ich damit ein Recht auf den Schmerz. Ein Recht darauf, sie nennen es Liebeskummer, ha! Wenn die nur wüssten.

„Es tut mir leid, du musst jetzt gehen."

Kalter Rauch, kalte Asche. Heruntergebrannte Feuer sind nur im Dunkeln schön. Im Hellen ist da nichts als Dreck, als hätte alles Schöne seinen Preis.

Ich schreibe Elli als Erstes. Dass Jay jetzt weg ist. Und ob wir reden können, über alles. Das klingt jetzt so einfach, aber ich war nie gut darin: über Gefühle zu reden. Ich hatte immer Angst, die anderen könnten darin ertrinken. In all dem

Schmutz, den die Dämonen mit ihren Klauen aus mir herausholen. Zumindest ihnen ist egal, was die anderen denken. Sie graben und graben und graben und lachen dabei.

Dann schreibe ich Marlene, und bekomme ein „Gut". Und vielleicht wird es das jetzt. Wenn es nicht gut ist, dann ist es noch nicht das Ende, so sagt man doch. Warum fühlt es sich dann so an?

Neun

Jay ist der hellste Mensch, den ich kenne. Seine Augen sind wie erloschene Sterne, aschgrau. Sie leuchten auf, wenn er lächelt. Sternschnuppenmomente. Die kleinen Fältchen in den Augenwinkeln bilden den Schweif.

Seine nachthimmelschwarzen Haare sind immer ein bisschen zu lang, locken sich leicht im Nacken, sodass es alle erdenkliche Kraft kostet, nicht hineinzugreifen. Mit beiden Händen, während sein Kopf sich nach unten neigt, meinem entgegen. Ich wette, sie sind viel weicher, als sie aussehen.

Jay dagegen ist genauso weich, wie er aussieht.

Das ist an ihm das Allerschönste: dass sein Licht keine optische Täuschung ist. Dass man hinsehen kann, nicht nur aus dem Augenwinkel, ohne die Realität zu fürchten. Nicht wie bei mir. Ich kann auch leuchten, wirklich. Wenn es niemand hinterfragt, wirkt es beinahe echt. Und das tut niemand, für gewöhnlich.

Wer bist du, wenn niemand hinsieht? Bist du das, was du zu sein vorgibst? Die beste Freundin, die Liebende? Die Tochter, die ihre Eltern enttäuscht, so wie es sich für eine normale Sechzehnjährige gehört? Ich bin in alldem furchtbar. Viel mehr, als sie denken.

Mit Jay war ich zum ersten Mal nackt. Er hat mich ausgezogen, jedes noch so dünne Stück meiner Zwiebelschale abgeschält. Er hat das Hässliche darunter gesehen, ohne den Blick abzuwenden. Und er wäre geblieben; ich weiß, er wäre geblieben.

Ich habe ihn fortgejagt, zwischen Hell und Dunkel. Weil ich mich entscheiden musste. Weil wir nur dazwischen funktionierten, und irgendwann geht immer das Licht an. Irgendwann wachsen die Schatten an den Wänden hoch. Dämonen, die tanzen. Irgendwann hätten wir so hell geleuchtet, dass auch die anderen hätten hinsehen müssen. Wir im Scheinwerferlicht. Und das war nie eine Option.

„Wer bist du, wenn niemand hinsieht?", hat er mich gefragt, in jener Nacht. Obwohl er das längst wusste. Er hat hingesehen, aschgrau in mein Dunkel hinein. Keine Ahnung, wie er das aushalten konnte, aber ich konnte es nicht. Ich kann nicht. Nicht mehr.

Ich habe das Licht wieder angeschaltet. Auf Play gedrückt, wir sind längst nicht mehr in Zeitlupe. Ich halte die verdammte Fernbedienung immer noch in der Hand. Die Rückspultaste klemmt. Das Band läuft immer weiter, immer weiter. Das Bild flackert.

Wer bist du, wenn niemand hinsieht?

Und wer, wenn plötzlich alles sichtbar wird?

Acht

Marlene erwischt mich an einem Mittwoch. Meine Mutter ist früher zu Hause, unter irgendeinem Vorwand; in Wirklichkeit macht sie sich Sorgen, glaube ich. Und da muss es schon schlimm sein. Wäre sie nicht da gewesen, hätte Marlene vergeblich geklingelt. Mein Zimmer liegt im 1. Stock, direkt über der Haustür. Ich hätte es gehört, sie vom Fenster aus gesehen, und mich wieder ins Bett gelegt. Decke über den Kopf. So wie jetzt, nur dass es jetzt leise an meiner Tür klopft, keine Minute später.

„Marlene ist hier", sagt die Stimme meiner Mutter, diese Verräterin. Aber sie hat mich krankgemeldet, immerhin. „Sie bringt dir die Hausaufgaben." Als ob.

Die Tür klickt und ihre Schritte verklingen auf der Treppe. Stille. Köstliche Stille. Ich denke schon, Marlene ist mit ihr gegangen – naiv, ich weiß –, doch als ich die Decke zurückschlage, sitzt sie da. Halb auf der Schreibtischkante. Die Arme verschränkt. Mir ist nie so richtig aufgefallen, wie schön sie ist. Streng, ja, aber schön.

Jetzt, im Licht vor dem Fenster, leuchten ihre Haare golden. Meine sind aschblond verfilzt.

„Hey", sagt sie. Weder warm noch kalt. Marlene-neutral. Beinah schon professionell. Und doch, sie hat Hausaufgaben dabei. Scheißviele Hausaufgaben. Ein Stapel Papier, den ich abschreiben darf. Danach bin ich sicher mindestens Null-Komma-Fünf-mal so schlau wie sie.

„Hey." Meine Stimme klingt wie vertrocknetes Holz. Vielleicht, weil mein Hals sich so anfühlt. Ach was, mein ganzer Körper. Würde jetzt jemand ein Streichholz an mich halten, oh, das wäre ein Feuerwerk.

„Also, nur um das gleich klarzustellen: Ich bin weder hier, um dir Vorwürfe zu machen, noch, um zwischen euch zu schlichten." Klar, was sonst? „Klärt das selbst, okay? Bitte."

Vielleicht ist es das leise „Bitte", vorsichtig hinterhergeschoben, das mein Inneres überlaufen lässt. Als kippe sie einen Eimer kaltes Wasser auf die Glut. Ich weiß gar nicht, wo die Tränen noch herkommen. Ich habe wahrlich genug geheult in den letzten Tagen. Hässlich. Elendig.

„Hilf mir", flehe ich, aber es klingt eigentlich eher wie: „Hmpf m-m-mir", weil meine Nase verstopft ist mit Rotz und Schnodder, angemessen erbärmlich. Denn was sollte sie schon tun? Ausgerechnet Marlene, die Elfenprinzessin.

Doch dann hockt sie sich neben mein Bett, und das Gold erlischt. Da sind nur noch wir, zwei Mädchen. Freundinnen, vielleicht. Eine, die ihre Hand reicht, die andere, die danach greift. Eine symbolische Geste, keine Frage. Marlene ist keine, die mich aufhebt. Sie tritt mir in den Arsch, weil es sein muss.

„Du weißt, was du zu tun hast, Hanna."

„J-j-ja, aber …" Gottverdammt, reiß dich zusammen! „Aber was, wenn es nicht reicht?"

„Es reicht für dich. Für sie vielleicht nicht, mal sehen. Aber für dich. Du musst das für dich machen, okay?"

Für mich, wiederhole ich flüsternd. Da ist sie längst weg. Über dem Stuhl hängt die Jacke mit den Papierschnipseln in der Brusttasche.

Für mich, ein verzweifelter Funke.

Sieben

„Ich glaub das nicht. Hanna! Ich bin deine beste Freundin!"

Noch nie.

Noch nie habe ich Elli derart aufgewühlt gesehen. Nicht, als ihr Vater auszog. Nicht, als sie in der neunten Klasse drohte, sitzen zu bleiben. Marlene hat ihr damals den Arsch gerettet. Und ich habe ihre Hand gehalten. Sie gehalten, wenn die Angst kam, das Zittern. Wenn sie glaubte, nicht gut genug zu sein. Als ob sie das jemals sein könnte. Ich habe ihr Windschutz gegeben, damit sich ihr Licht wieder entzünden konnte.

Sie ist meine beste Freundin.

Und ich bin gut darin, Halt zu geben. Nur andersherum ... das ist das Problem.

„Ich konnte nicht. Es ... tut mir leid, ich konnte nicht."

„Du konntest nicht?!"

Du wolltest nicht, sagen ihre Augen. Weil sie mich kennt. Besser als ich selbst manchmal. Und sie hat recht, sie hätte da sein sollen, aber ich habe sie nicht gelassen. Ich wollte nie, dass es so wird zwischen uns. Ich wollte nie, dass Jay zwischen uns steht.

„Es geht doch gar nicht darum, was du fühlst." Selbst jetzt liest Elli meine Gedanken. Zumindest den Teil an der Oberfläche. Meine Abgründe sind wieder dort, wo sie hingehören. Nachtschwarz mit Sternhimmel, den Mond hinter den Wolken. „Es geht darum, dass du mich ausschließt."

Ich weiß. Ich weiß das alles. Aber ich konnte nicht. Vielleicht war mein Schweigen ja nur ein Versuch, nicht gegen die Realität zu krachen. Frontal. Solange es nur uns gab, mich und Jay, waren wir sicher. Halb wahr, halb bittersüßer Traum.

„Wie hast du dir das denn vorgestellt, so auf Dauer?"

Meine Schultern heben sich ein Stück und fallen wieder zusammen. Eine Marionette meiner Gefühle. Kraftlos, weil weder Glück noch

Dämonen mir jetzt helfen können. Sie tanzen ihren Walzer schon viel zu lange. Und ich stehe am Rand. Ich stehe immer am Rand. Nur einmal wollte ich mittendrin sein.

Es sind unsere Entscheidungen, die unser Leben bestimmen, nicht unsere Gefühle, heißt es doch. Als ob das einfach so trennbar wäre.

Elli, zum Beispiel, entscheidet, mich hier und jetzt stehenzulassen, weil sie sich restlos verarscht fühlt. Und ich, zum Beispiel, entscheide, dass ich genau das verdient habe. Dass ich die beschissenste beste Freundin aller Zeiten bin. Dass ich genau das sein muss, allein. Weil ich nicht ändern kann, was ich fühle. Nur Entscheidungen treffen.

nur einmal

mittendrin

Sechs

Wir haben die besten Plätze: letzte Reihe, ganz in der Mitte. Janosch hat Popcorn gekauft, während wir Mädels auf dem Klo waren. Er stellt die Tüte auf die Ablage, die sich an der Rücklehne der Reihe vor uns befindet. Dazu zwei XXL-Becher Cola und Fanta, die natürlich beide gleich aussehen, aber ich weiß es: Janosch trinkt Cola, Elli Fanta. Und dann tauschen sie, mittendrin.

Marlene sitzt neben Elli und Tobi rechts am Rand. Ich sehe, wie er eine Packung Gummibärchen aus seinem Rucksack zieht, in einen Pullover eingewickelt, damit sie bei der Kontrolle nicht auffällt. Eigentlich ist es vielmehr ein Eimer als eine Packung. Ein Kilo weiß-blau-klebrige, Schlumpf-förmige Zuckermasse. Mit einem Grinsen gibt er den Eimer Marlene, die ihn direkt an Elli weiterreicht. Dann kommt Janosch. Und zwischen uns Jay.

Unsere Finger berühren sich, als ich nach der Packung greife. Sein Lächeln ist das letzte, was leuchtet, nachdem die Lichter gedimmt werden.

Über die Leinwand huschen Bilder, aus den Boxen dringt Ton. Aber ich fühle mehr als ich sehe, höre. Meine Zunge klebt süß am Gaumen und ich spüle sie mit Sprite herunter. Dabei denke ich, dass sein Mund gerade fast genauso schmecken muss, nur dunkler. Das Popcorn raschelt leise, knirscht beim Hineinbeißen. In mir, neben mir. Kaum eine Handbreit entfernt. Es wäre so leicht, ich müsste meine Hand nur auf die kleine Furche zwischen den Sitzen legen. Genau zwischen uns. Eine Einladung. Aber was, wenn die anderen es bemerken? Und was, wenn er sie annimmt?

Unsere Nähe ist genauso zäh-klebrig wie die Süßigkeiten. Warm, weil er seinen Pullover ausgezogen hat, und die Härchen auf meinem Arm tasten nach ihm. Mit einer zarten Karamellnote, willst du noch Popcorn? Klar, gern, und erst jetzt wird mir klar: So nah waren wir uns noch nie. Nicht so lang, immer nur flüchtig. Und es ist beinah zu viel, abgrundtief köstlich.

Als die Lichter angehen, ist Jay schon weg. Er gehe dann mal, hat er mir leise zugeflüstert, und Janosch lächelt mich entschuldigend an. Es überrascht mich, dass er es bemerkt hat. Weil doch während des Abspanns sein Arm um Elli lag und irgendetwas, das er tat, sie zum Kichern brachte. Ihre Wangen haben diesen Rosaton, den nur er hinbekommt.

„Cooler Film, oder?"

„Ja", sage ich abwesend. Wir sind draußen, die anderen laufen Hand in Hand: Marlene und Tobi, Elli und Janosch. Ich nebenher. Am Rand, wieder einmal. Dort, wo ich hingehöre.

Irgendwann lässt sich Elli zurückfallen. Schickt die anderen voraus, wird langsamer, aber nicht langsam genug. Rennen oder stehenbleiben.

„Hey, was ist los? Und sag nicht: Gar nichts, denn ich weiß genau, dass das nicht stimmt."

Oder verbrennen.

Fünf

„Ist eigentlich noch jemandem aufgefallen, dass Hanna in letzter Zeit verdächtig gut drauf ist? Was ist aus den schweren Seufzern geworden? Dem schwarzen Kajal? Der düsteren Playlist? Ist das etwa …?"

Tobi schnappt mir meinen iPod aus der Hand und wirft einen Blick auf den zuletzt gespielten Song. Oh nein. Nein, nein, nein!

„Hey, Leute, guckt mal: Rosenstolz."

„Gib das her!"

„Ich geh in Flammen auf, uhuu!"

Ich stürze mich auf ihn, doch er hält den iPod am ausgestreckten Arm nach oben. Zu hoch für mich, von allen die Kleinste. Nicht hoch genug für Marlene, die ihren Freund zwei Fingerbreit überragt. Wortlos reicht sie mir den iPod und wirft Tobi einen mahnenden Blick zu.

„Was?!"

„Sei kein Arsch, Tobi", übersetzt Elli, was Marlene längst mit den Augen sagt. Es ist ein Wunder, dass Tobi nicht zu Eis gefriert.

„Danke", murmle ich mit gesenktem Blick. Jetzt gerade gehen vor allem meine Wangen in Flammen auf. Und die unausgesprochene Frage der anderen thront zwischen uns im Raum. Wer? Werwerwer? Bis Marlene sich räuspert.

„Also?"

„Was, also?" Ich habe nichts mitbekommen, obwohl die Playlist auf Pause stand. Der Song lief in meinem Kopf weiter. Die ganze Zeit, die ganze Zeit. Ich kann nicht anders.

„Kino? Am Freitag?"

„Janosch kommt auch mit", ergänzt Elli, als ob das nötig wäre. Natürlich ist er dabei. Er ist dabei, seit er jede Pause auf unserem Schulhof verbringt, statt auf seinem, schräg gegenüber. Seit er mit Elli Händchen hält und andere Dinge tut, zum Glück sind meine Wangen sowieso schon rot. „Ich hoffe, das ist okay?"

Natürlich ist das okay.

Ich hab ja jetzt Jay. Ich bin nicht mehr das fünfte Rad, nicht mehr die am Rande. Nicht mehr die, die einfach nur mit ist. Ich gehöre endlich dazu. Nichts davon ist so, wie ich es mir vorgestellt habe. Es ist besser.

„Klar", sage ich. Und sie sind echt überrascht. Sie können es nicht wissen. Sie können nicht wissen, dass ich keinen schwarzen Kajal mehr auftrage, weil Jay gesagt hat, dass er meine Augen schön findet. Dass ich trotzdem noch seufze, aber nur, weil all das Glück irgendwohin muss. Sie können es nicht wissen, weil sie nicht dürfen. Weil ich dann Jay in die Realität zerren müsste.

Ich habe Angst davor. Sie kriecht schattenschwarz die Wände hoch, die ich doch erst vor Kurzem hell gestrichen habe. Ich habe Angst, dass wir dem nicht standhalten. Dass wir zu Asche zerfallen. Die selbe Asche, aus der wir aufgestiegen sind, klar.

Asche bleibt Asche.

Vier

In der Schule sollten wir einmal einen Aufsatz darüber schreiben, was wir später werden wollen. Was für ein Schwachsinn. Als ob es mich glücklich machen würde, mir irgendwann irgendwo den Arsch für irgendeinen Irgendwen aufzureißen.

Marlene möchte natürlich Ärztin werden. Und das wird sie auch, da bin ich mir sicher.

Elli schrieb über ihr künftiges Leben als Künstlerin. Und bekam eine Vier. Das mag Zufall gewesen sein, oder vielleicht hat es an der Tatsache gelegen, dass ihr Aufsatz zwar voller Rechtschreibfehler, dafür aber in unterschiedlichen Farben geschrieben war. In meinen Augen hat sie damit die Aufgabe mehr als erfüllt, aber was weiß ich schon?

Ich schrieb: „Glücklich." Nur ein Wort. Aber erstens hätten meine Eltern mir dafür einen Vortrag gehalten und zweitens hatte ich keine Ahnung, was das bedeuten sollte. Glücklich. Ich fühlte in mich hinein und fand: -

Ärztin

mir egal,

Glücklich

Künstlerin

Tierpflegerin

Stattdessen schrieb ich über meinen fiktiven Alltag als Tierpflegerin. Weil Tiere irgendwie süß sind, und ja, vielleicht könnte mich das sogar glücklich machen. Ich bekam eine Zwei, und trotzdem den obligatorischen Vortrag meiner Eltern. Etwas aus meinem Leben machen solle ich. Ich fragte: „Wenn ich das tue, wer kümmert sich dann um die Tiere?" Ich bin nicht sicher, ob sie den Witz verstanden haben.

In meiner Jackentasche, der kleinen, oben an der Brust, steckt ein zerknitterter Zettel mit dem Wort „Glücklich". Er fängt jeden meiner Herzschläge, seit dieser Samstagnacht. Meine Herzschläge fangen jetzt mit J an. Ju-jum, ju-jum. Für alle anderen klingen sie genau gleich.

Und jetzt habe ich wirklich keine Ahnung mehr, was ich werden will. Das ist mein Geheimnis; dass ich das jetzt schon bin, nicht mehr auf später warte. Glücklich. Darüber könnte ich Aufsätze schreiben, seitenweise. Nur dass die niemand lesen dürfte.

Ich werde ganz sicher nicht riskieren, dass jemand dieses Glück in seine Einzelteile zerlegt. Das ist nur meins. Nur in meinem Herzen, und nochmal darüber, auf einem Zettel, nur zur Sicherheit. Solange das meins ist, passiert ihm nichts. Solange das meins ist, kommt kein Luftzug, der die Flamme auspusten könnte. Das hier ist nicht für irgendwann irgendwen. Nur meins.

Drei

Es ist bereits nach elf und ich sollte seit etwas über zwölf Stunden zu Hause sein. Selbst meine SMS gestern Abend war spät dran. Und ja, ich schreibe noch SMS. Meinen Eltern, die immer noch im zwanzigsten Jahrhundert leben. Es wird Ärger geben, hundertprozentig. Es könnte mir nicht egaler sein. Denn wenn ich nach Hause komme, dann wenigstens weg von hier.

Hier, das ist die Küche von Tobis Eltern. Die im Gegensatz zu meinen übrigens cool sind, und nicht nur, weil sie uns die Samstagabende in ihrer Garage wer-weiß-was tun lassen.

Wir sitzen um den Tisch, Tobi mit Marlene auf der langen Seite der Eckbank, Elli an der Stirnseite. Denn Janosch ist gerade nicht hier, stattdessen sitzt Jay auf dem Stuhl mit dem Rücken zum Herd, und ich über Eck daneben. Er will mir den Kaffee reichen, und als ich nicht reagiere, greift er nach meiner Tasse. Nur dass ich es in diesem Moment eben doch tue. Unsere Finger treffen sich und ich hebe den Kopf.

Da flackert Glut in der Asche. Das, oder wir sind zwei elektromagnetische Felder. Oder was auch immer es braucht, damit dieses Prickeln entsteht. Ich war nie gut in Physik. Ich war auch nie gut hierin, deswegen kann es genauso gut eine Täuschung sein. Bitte lass es keine Täuschung sein. Bitte lass jemanden Stopp drücken, oder wenigstens diese Zeitlupe verlängern. Langsamer, noch langsamer.

„Sorry."

Zwei Sekunden, erbarmungslos.

Ich halte ihm die Tasse hin, helles Porzellan, das er mit der dunklen Flüssigkeit füllt. Das ist unser Ding, so scheint es, hell und dunkel.

Die anderen tun es mir gleich, bis Janosch irgendwann ruft: „Hey, lasst mir auch was übrig!" Da ist er wieder. Und vielleicht ist das der Moment, in dem ich gehen sollte. Trotz des Ärgers, der zu Hause auf mich wartet, zumal Paps das schon irgendwie regeln wird.

Als Janosch sich zu Elli beugt, schiebe ich meine Tasse zu ihm hinüber.

„Hier, kannst meinen haben."

„Hey." Er verharrt mitten in der Bewegung, sieht mich an. Und ich sehe weg, bevor ich nicht mehr kann. „Gehst du schon?"

„Hab noch Hausaufgaben."

Marlene schnaubt leise, sagt aber nichts. Vermutlich denkt sie, ich und Hausaufgaben, als ob. Dabei wird das der Preis sein fürs Zuspätkommen, am besten noch unter Aufsicht. Solange sie nur das denkt, ist alles super. Solange ich endlich gehen kann, endlich atmen.

„Bis Montag dann."

Endlich allein mit Jay.

Zwei

Der Sonntagmorgen riecht nach Kotze und kalter Asche. Tobi hängt quer auf dem vergammelten Sofa, ein Arm bedeckt sein Gesicht, der andere baumelt über die Kante. Unter seinem linken Schuh prangt ein Fleck aus Undefinierbarem. Zu viele verschiedene Flüssigkeiten, definitiv. Und ist das Ananas? Pizza Hawaii – als wäre Kotze nicht eklig genug.

Ich bin der Fleck. Und mein Leben ist der staubgraue Betonboden. Die Garage ist meine Welt. Gewesen. Ist meine Welt gewesen. Das dunkelbraune Metalltor, von dem der Lack abblättert. Der geflieste Holztisch, auf dem sich leere und halbleere Flaschen mit verkrusteten Papptellern zu einem prä-kateristischen Stillleben vereinigen. Die Lichterkette mit den bunten Schirmchen, die über die Jahre unfreiwillig pastellfarben geworden sind.

In meiner Welt ist Marlene als Einzige wach und räumt auf. Lässt Flasche um Flasche zurück in den Bierkasten poltern, sodass Tobi jedes Mal zusammenzuckt. Wer trinkt, kann am nächsten

Morgen auch aufstehen – einer der vielen Gründe, warum meine Mutter Marlene schon immer lieber mochte als Elli, beste Freundin hin oder her. Marlene schenkt mir ein schmales Lächeln. Ihre Haut ist blass, noch blasser als sonst, was sie irgendwo zwischen Éowyn und dunkler Galadriel (die Szene aus „Herr der Ringe"!) platziert.

Ich beschließe, dass ich mich mit keiner von beiden anlegen will und greife mir eine Rolle dunkelgrauer Müllsäcke, von der ich einen abreiße, um die Pappteller einzusammeln. Vielleicht auch, um mich von dem Unvermeidlichen abzulenken, das früher oder später durch diese Tür kommen wird. Und das tut es, keine fünf Minuten später.

„Morgeeeen!" Jay hat einen Arm um Ellis Taille gelegt. Seine Haare stehen in alle Richtungen. Das und sein breites Grinsen, kombiniert mit dem Hauch von Röte auf Ellis Wangen, sind sowas von eindeutig. Und wenn nicht das, denn der geräuschvolle Schmatzer, den er ihr aufdrückt und der das Zartrosa zwei Nuancen dunkler werden lässt. Ich sehe hin und weiß: Die letzte Nacht hat nie stattgefunden. Oder nur in verschiedenen Versionen: In meiner. In Jays.

Und das da sind Elli und Janosch. Marlene und Tobi.

Und ich?

Ich sollte nach Hause gehen, jetzt. Wo ich nur ich bin. Doch darin war ich noch nie besonders gut. Und dann lässt Janosch Ellis Taille los, geht durch den Raum. Unterwegs fällt sein Blick auf Tobi, der sich mittlerweile aufgerappelt hat und auf der Sofakante sitzt, einen Fuß in der Kotze. „Alter. Was war das, Pizza Hawaii?" Elli lacht und mein Herz verkrampft sich. Kurz bevor es losrennt. Kurz bevor Jay sich einen Pappteller greift und in meinen Müllsack wirft.

Unsere Blicke treffen sich, Aschgrau auf Braun. Und die Asche glimmt auf. Ich halte die Luft an, einundzwanzig, zweiundzwanzig, dreiund-, ich kann die Fältchen um seine Augenwinkel sehen, als er lächelt. Viel zu nah. Viel zu nah. Viel zu...

„Okay", fragt Janosch, „wer hat Lust auf Frühstück?"

Eins

Wir sind irgendwann nach Mitternacht. Wir sind draußen. Wir sind unter den Sternen, der Mond halb hinter einer Wolke. Wir sind auf dem kleinen Spielplatz, kurz vor dem Ortseingangsschild, neben uns quietscht leise die Schaukel. Wir sind nur zu zweit, die anderen in der Ferne zu hören: dumpfer Bass, gedämpftes Lachen; Elli ist schlafen gegangen. Wir sind inmitten der Nacht, die einen feuchtkalten Film auf unsere Haut legt. Wir sind hier. Wir sind.

Ich habe geweint. Weil es nicht stimmt, dass man Gefühle in Alkohol ertränken kann. Irgendwann kommen sie wie ein Bumerang zurück, die Dämonen im Schlepptau: Hass, Verzweiflung. Oder noch schlimmer: Liebe.

Ich habe vergessen, wann es anfing. Vermutlich am ersten Tag. Janosch betrat die Garage, seine Hand in Ellis, und ich war verloren. Der Freund meiner besten Freundin. Ich wollte immer nur, dass das aufhört, wirklich. Aber das hat es nie. Stattdessen fing etwas an. Die Dämonen krochen aus ihren Löchern und meine Welt wurde hell-dunkel. Hell: Janoschs Lachen. Dunkel: das Poltern in meiner Brust. Hell: wir zu dritt im Kino. Dunkel: wir zu dritt. Hell: Janosch und Elli. Dunkel: ich.

Und jetzt stehen wir hier. Ich mit salzverkrusteten Wangen. Er mit heller Haut, dunklem Haar. Hell-dunkel. Viel zu schön.

Ich bin verloren.

Ich bin verloren, seit er all die wunderbaren Dinge sagte. Über mich. Ein Paradoxon. Und dass ich dumm sei, weil ich widersprach. Er hat gelächelt. Mit den Augen, vor allem. Überall kleine Fältchen. Sie ließen das Aschgrau aufleuchten wie frisch entfachte Glut. Dabei brannte es in mir, lichterloh.

Und jetzt stehen wir hier. Ich in Flammen, er zu nah. Viel zu nah. Viel zu nah. Viel zu …

Ich bin betrunken. Unter den Sternen, der Mond bricht hinter der Wolke hervor. Wir leuchten auf, hell-dunkel. Hell: Janosch und ich, Umarmung aus Worten. Mit offenen Herzen, dunkel: nur eine Momentaufnahme. Den Daumen über der Stopptaste.

Unter den Sternen wird Janosch zu Jay. Draußen, auf dem kleinen Spielplatz. In der Ferne dumpfer Bass, gedämpftes Lachen. Der Film läuft weiter. Aber jetzt mit mir in der Hauptrolle. Elli ist schlafen gegangen. Und ich weiß, Janosch geht dorthin. Es ist Jay, der hier mit mir steht, hell-dunkel. Aschgrau-lichterloh.

Hell: Jay.

Dunkel: ich, und umgekehrt.

Wir sind.

Wir sind.